18 NOV. 1912 V

VENTE

AUX ENCHÈRES PUBLIQUES

HOTEL DROUOT - SALLE N° 11

Le Lundi 18 Novembre 1912

A 2 HEURES

ANTIQUITÉS

GRECQUES & ROMAINES, ARABES & PERSANES

VERRES ÉMAILLÉS ET IRISÉS

VASES PEINTS

STATUETTES ET BAS-RELIEFS

EN MARBRE, PIERRES DURES

ET TERRES CUITES

Monnaies en Or

BIJOUX ET OBJETS DIVERS

BRONZES

Faïences irisées et à reflets métalliques

TAPIS ET ÉTOFFES

Me E. BOUDIN	M. J. ENKIRI
COMMISSAIRE-PRISEUR	EXPERT
14, Rue Grange-Batelière	*46, Rue de Grenelle*

EXPOSITION PARTICULIÈRE

Chez M. ENKIRI, du 14 au 16 Novembre, de 2 h. à 6 heures

EXPOSITION PUBLIQUE

A l'Hôtel Drouot, le Dimanche 17 Novembre 1912, de 2 h. à 6 h.

ARTISTIQUE
C. CHAUFOUR

CONDITIONS DE LA VENTE

La vente sera faite au comptant.

Les acquéreurs paieront *dix pour cent* en sus des enchères.

L'exposition mettant le public à même de se rendre compte de l'état et de la nature des objets mis en vente, il ne sera admis aucune réclamation une fois l'adjudication prononcée.

M. ENKIRI, expert, 46, rue de Grenelle, se charge d'exécuter les commissions qui lui sont confiées.

L'ordre du catalogue ne sera pas suivi.

L'expert se réserve le droit de diviser ou de réunir les lots.

DÉSIGNATION

VERRES ÉMAILLÉS ET IRISÉS

1 — Grand gobelet arabe, panse cylindrique, goulot évasé orné d'une inscription au haut de la panse, les lettres sont en or sur fond bleu. Très belle irisation.

Haut. : 0m18.

2 — Très élégante amphore ornée de deux anses et de filets sur le col. Très belle irisation.

Haut. : 0m15.

3 — Gobelet forme conique. Belle irisation.

Haut. : 0m17.

4 — Œnochoé, pied en cercle ; bec trilobé, anse en pâte jaune, panse pomiforme.

Haut. : 0m14.

5 — Œnochoé piriforme, anse large, irisée.

Haut. : 0m12.

6 — Très élégante œnochoé en pâte jaune, panse piriforme, l'anse et le pied en cercle sont en pâte bleue ; filets bleus sur la panse et le col. Belle irisation.

Haut. : 0m16.

7 — Œnochoé cylindrique, goulot bas, anse petite et large. Belle irisation.

Haut. : 0m18.

8 — Flacon fusiforme. Belle irisation.

Haut : 0^m16.

9 — Deux petits flacons pomiformes. Bien irisés.

10 — Flacon en forme d'amphore, pâte jaune foncé.

Haut. : 0^m20.

11 — Joli bol côtelé. Très bien irisé.

Circonférence : 0^m37.

12 — Jolie bouteille pomiforme. Très bien irisée.

Haut. : 0^m16.

13 — Un lot de vingt-cinq bracelets de couleurs différentes. Bien irisés.

14 — Un serpent en pâte noire, irisé.

15 — Cinq flacons de formes différentes. Belle irisation.

16 — Dix verres de formes différentes. Très irisés.

17 — Vingt-huit flacons différents. Très irisés.

18 — Un lot de bagues en cristal de roche et en matière dure de différentes couleurs.

19 — Un lot de perles de différentes couleurs.

20 — Un lot de quinze colliers en matières différentes.

21 — Belle œnochoé, panse haute cylindrique, goulot bas à bord évasé, anse large et courte. Très belle irisation argentée.

Haut. : 0^m15.

22 — Vase pomiforme à deux anses. Irisé.

Haut. : 0^m10.

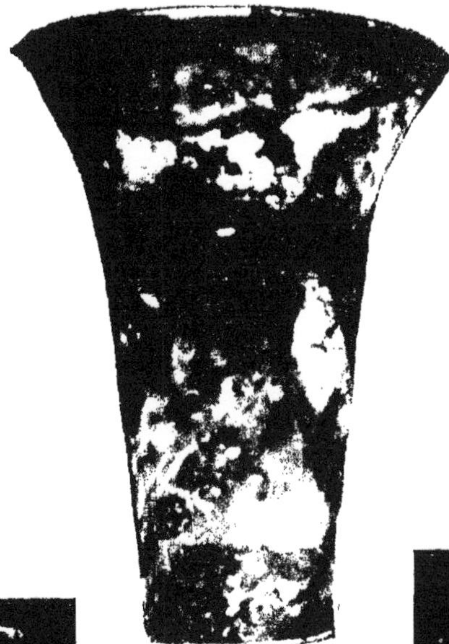

N° 1

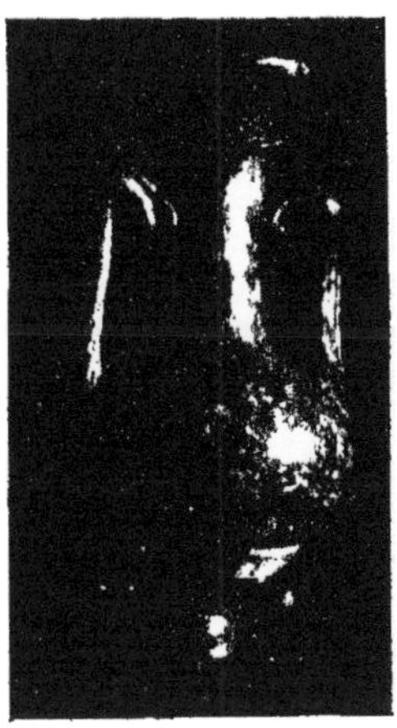

N° 2

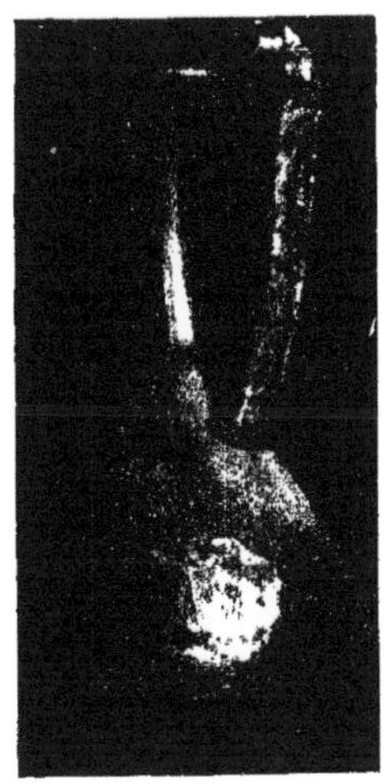

N° 6

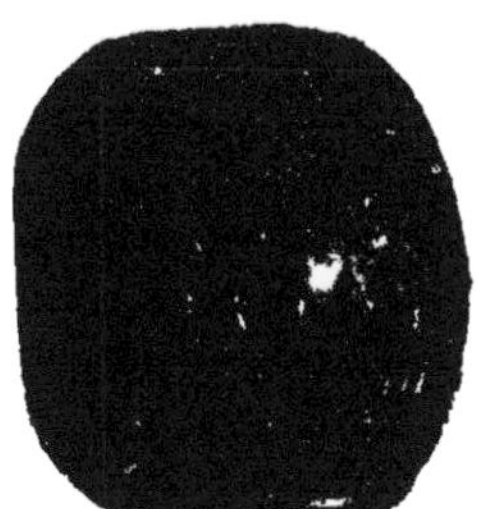

N° 16

23 — Très élégant flacon à pied, panse haute et piriforme long col orné de filets en pâte bleue, deux petites anses également en pâte bleue tombent du milieu du col et descendent en festons tout le long de la panse. Irisé.

Haut. : 0m20.

24 — Elégant flacon à pied, panse longue et piriforme, col fin, légérement évasé vers le bord. Très belle irisation.

Haut. : 0m22.

25 — Bol à pied. Très irisé.

Haut. : 0m10 ; diamètre : 0m14.

26 — Œnochoé pâte jaune, panse piriforme, anse longue, goulot évasé vers le bord. Irisée.

Haut. : 0m17.

27 — Lampe de suspension de mosquée. Très irisée.

Haut. : 0m07 ; diamètre : 0m12.

28 — Flacon en pâte rouge, panse courte et pomiforme, large goulot à double rebord, filets fins sur la panse. Irisé.

Haut. : 0m07.

29 — Trois flacons jumeaux ornés d'anses et de festons. Irisés.

30 — Deux balsamaires, pâte rouge et verte, ornés d'anses et de festons. Irisés.

Haut. : 0m12.
Haut. : 0m10.

31 — Deux chandeliers irisés.

Haut. : 0m14

32 — Deux petits flacons pomiformes. Très irisés.

33 — Cinq très petits flacons. Très bien irisés.

34 — Trois petits flacons fusiformes. Belle irisation.

35 — Elégante petite œnochoé piriforme, pied en cercle, anse à filets en pâte bleue. Très belle irisation argentée.

Haut. : 0m08.

36 — Jolie très petite œnochoé, anse fine. Très irisée.

Haut. : 0m05.

37 — Dix verres de formes différentes. Très irisés.

38 — Flacon en pâte épaisse, panse pomiforme ornée de cercles en creux, goulot bas dont l'orifice est à double rebord; deux anses courtes sont jointes par une anse en bronze antique, patinée. Cette pièce rare a dû servir aux voyageurs pour conserver des liqueurs balsamiques. Irisée.

Haut. : 0m12.

39 — Flacon arabe à pied, forme pomiforme ornée de plaques rondes en relief, petit col étroit, pâte épaisse et vert gris.

Haut. : 0m12.

40 — Grosse bouteille pomiforme. Très belle irisation.

Haut. : 0m17.

41 — Deux œnochoés différentes.

42 — Deux petits flacons pomiformes. Belle irisation.

43 — Trois petits flacons différents. Irisés.

44 — Trois flacons dont une bouteille à pointes saillantes. Irisés.

45 — Elégante œnochoé, panse piriforme, bec trilobé, anse et pied. Belle irisation.

Haut. : 0m13.

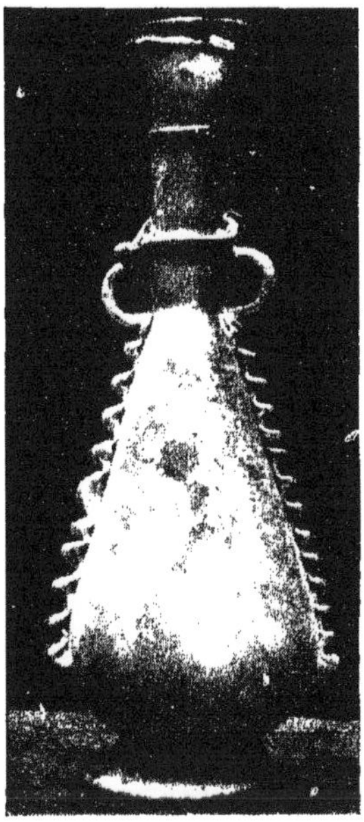

N° 23

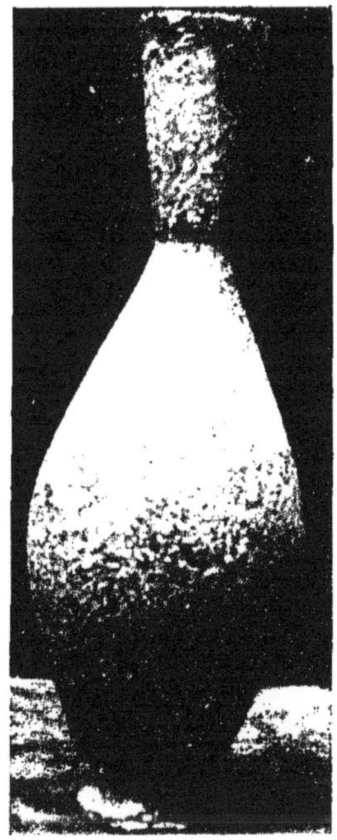

N° 24

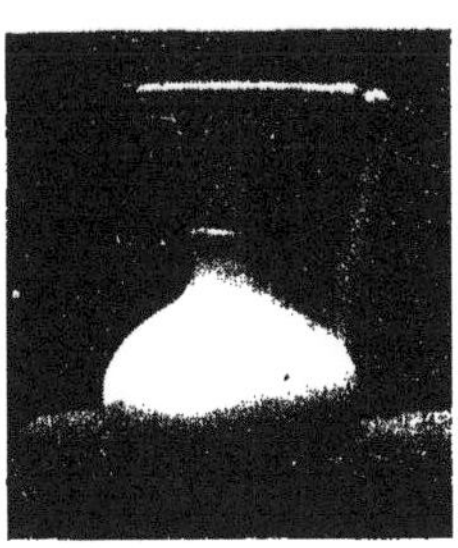

N° 35

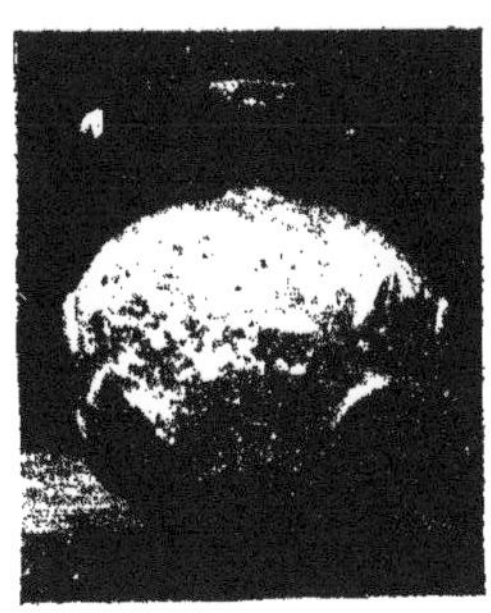

N° 39

46 — Coupe côtelée et bouteille irisée.

47 — Cinq flacons différents. Irisés.

48 — Quatre bracelets. Irisés.

49 — Deux bouteilles différentes. Irisées.

50 — Flacon en pâte épaisse jaune, panse longue et rayée, forme amphorisque, long col orné de filets, deux anses bleues.

Long. : 0m31.

VASES PEINTS

51 — Vase rouge panse pomiforme, long goulot.

Haut. : 0m22.

52 — Petit vase noir, panse côtelée, ouverture large, anse haute et large.

Haut. : 0m12.

53 — Petit lécyte, bec trilobé, anse orné de décors rouges sur fond noir.

54 — Petit vase sifflet à décor de taureaux sur fond jaune clair.

55 — Petit vase sifflet orné d'un dessin noir sur fond jaune clair.

56 — Vase sifflet à décor de lions en noir sur fond jaune clair.

Haut. : 0m10.

57 — Vase sifflet orné d'un dessin noir sur fond clair représentant une oie et un animal les ailes déployées.

Haut. : 0m10.

58 — Grand vase sifflet orné d'un dessin noir sur fond clair, représentant un animal à tête de femme, les ailes déployées.

Haut. : 0m19.

59 — Lécyte à pied, long col et anse : sur la panse, décors représentant un char conduit par un guerrier et une femme, dessin noir sur fond jaune.

Haut. : 0m23.

60 — Coupe à pied et à deux anses, décorée à l'intérieur d'un dessin représentant un guerrier et à l'extérieur de deux scènes identiques, guerriers et femmes, dessin noir sur fond rouge.

Haut. : 0m : Diam. : 0m20.

61 — Boite avec couvercle à dessin jaune clair sur fond noir représentant des animaux et des feuillages.

TERRES CUITES

62 — Cinq lampes ornées de sujets différents.

63 — Petit masque de femme et une statuette de singe.

64 — Dix petites têtes différentes.

65 — Cérès debout drapée tenant de la main gauche une corne d'abondance.

Haut. : 0m18.

66 — Jeune femme drapée, assise sur un rocher.

Haut. : 0m14.

67 — Jeune femme debout coiffée et drapée, la main gauche sur la poitrine.

Haut. : 0m13.

68 — Femme debout, le torse nu, la main gauche retient la tunique et la main droite s'appuie sur un disque posé sur l'épaule.

Haut. : 0m20.

69 — Tête de femme couronnée.

Socle de bois clair.

70 — Tête de femme coiffée.

Socle noir.

70 *bis* — Sarcophage orné d'inscription romaine.

71 — Statuette de jeune femme drapée, le pied gauche posé sur une marche; incomplet.

Haut. : 0m24.

71 *bis* — Statuette de femme nue, les jambes repliées.

MARBRE ET OS

72 — Vénus drapée, un amour sur l'épaule gauche.

Socle. Haut. : 0m23.

73 — Autre statuette de Vénus drapée.

74 — Jeune femme drapée, la tête légèrement tournée vers le côté gauche.

Jolie pièce rare. Haut. : 0m15.

75 — Petit flacon en os, orné sur la panse d'un amour et d'un lion.

Très belle pièce. Haut. : 0m055.

76 — Une petite tête de Bacchus. Haut. : 0m08.

77 — Faune jouant du pan. Statuette.

Haut. : 0m19.

78 — Buste de Jupiter en bazalte vert sombre. Socle.

Haut. : 0m17.

79 — Osiris coiffé.

Haut. : 0m14

80 — Petit bas-relief représentant un taureau.

80 *bis* — Torse en granit noir.

81 — Statuette de Vénus sortant du bain, albâtre.

Haut. : 0m20.

82 — Petite statuette de femme assise.

Haut. : 0m10.

83 — Petit bas-relief tête d'homme coiffé.

84 — Tête de femme.

Haut. : 0m26.

84 *bis* — Tête de grandeur naturelle : Portrait de magistrat romain.

85 — Tête de femme, les cheveux coiffés en rouleau.

Haut. : 0m22.

BIJOUX EN OR

86 — Paire de boucles d'oreilles ciselées, breloque en boules superposées.

87 — Paire de boucles d'oreilles en forme de grappe de raisin.

88 — Huit boucles d'oreilles de formes différentes.

89 — Paire de boucles d'oreilles ornées au centre d'un camée. Trois breloques en cornaline.

90 — Paire de boucles d'oreilles festonnées, breloques ornées de grenat.

91 — Deux petits miroirs en verre avec cadres de l'époque.

92 — Pièce de monnaie argent; deux pierres dures gravées et une amulette égyptienne.

OBJETS DIVERS

93 — Porte coran et un plateau incrustés d'ivoire.

94 — Coffret russe ivoire ajouré.

95 — Deux boiseries arabes, ancien travail égyptien.

96 — Un animal en ancien cloisonné de Chine.

97 — Deux brassards et un bouclier anciens en acier.

98 — Poignard et son fourreau en argent.

99 — Carreau du Japon.

99 *bis* — Boîte cloisonné moderne.

FAIENCES ÉMAILLÉES

A REFLETS MÉTALLIQUES ET DE BOUKARA

100 — Dix lampes basses forme trilobée, émail bleu turquoise. Belle irisation.

101 .— Quatre petites étoiles, émail bleu turquoise. Très bien irisées.

102 — Deux grands carreaux couverts entièrement d'une belle irisation argentée.

103 — Beau vase émail blanc orné de dessins noirs. Belle irisation argentée.

Haut. : 0m18.

104 — Belle amphore à pied à deux anses, couverte d'émail bleu turquoise. Irisée.

Haut.: 0m27.

105 — Vase en forme de fontaine, en émail blanc orné de dessins bleus et rouges à reflets métalliques. Belle pièce rare.

Haut.: 0m24.

106 — Vase à anse, en émail blanc crème, orné de dessins rouges métalliques et de caractères coufiques.

107 — Deux œnochoés panse piriforme à côtes en émail blanc, à dessins rouges métalliques.

108 — Vase à anse en émail fond blanc, à dessin bleu et noir.

109 — Huit vases de formes différentes en émail bleu.

110 — Six bols de grandeurs et de dessins différents émaillés.

111 — Amour en émail blanc.

112 — Cinq vases en émail bleu.

113 — Trois étoiles à reflets métalliques ornées de personnages et de caracteres persans.

114 — Un carreau mosaïque.

115 — Carreau en forme d'étoile à reflets métalliques, à décors d'animal et feuillage, une légende contourne l'étoile.

116 — Carreau en forme d'étoile à reflets métalliques, décors de feuillage, une légende contourne l'étoile.

117 — Carreau en forme d'étoile à reflets métalliques, à décor de jeune femme assise.

118 — Deux petits carreaux en forme d'étoile à reflets métalliques, à décor de feuillage.

119 — Deux petits carreaux en forme d'étoile à reflets métalliques, à décor d'animaux.

120 — Trois carreaux à reflets métalliques.

121 — Deux carreaux en forme d'étoile à décor de feuillage blanc sur fond bleu lapis.

122 — Grand carreau formant une moitié d'étoile, à reflets métalliques, à décors de feuillage avec légende.

123 — Trois carreaux dont deux petites étoiles, et un en forme de triangle, décor feuillage blanc sur fond bleu lapis.

124 — Trois carreaux unis, émail bleu de Perse, et un carreau vert-jaune décoré de feuillage en relief.

125 — Cinq petits vases différents en émail bleu. Irisés.

126 — Petite coupe en émail vert clair.

Circonférence : 0m43.

127 — Petit bol à reflets métalliques, à décors de feuillage et ornements rouges sur fond blanc.

Circonférence : 0m47.

128 — Coupe à reflets métalliques, décors d'ornements et caractères coufiques, couleur rouge jaune, sur fond blanc.

129 — Bol à reflets métalliques.

Circonférence : 0m64.

130 — Bol à reflets métalliques.

Circonférence : 0m70.

131 — Bol, décor rayonnant et multicolore. Irisé.

Circonférence : 0m66.

132 — Trois coupes de décors différents. Irisés.

133 — Deux coupes différentes en émail bleu. Irisées.

134 — Grand bol émail vert céladon de Boukara.

Circonférence : 0m89.

135 — Quatre grands plats de décors différents de Boukara.

136 — Huit carreaux d'Ispahan, ornés de personnages, animaux et fleurs.

137 — Quatre carreaux polychromes de Damas et Rhodes.

138 — Grande potiche émail blanc à dessins bleus. Perse, XVIIIe siècle.

139 — Quatre carreaux polychromes de Damas et Rhodes.

140 — Joli bol à dessin noir sur fond vert.

141 — Vase irisé.

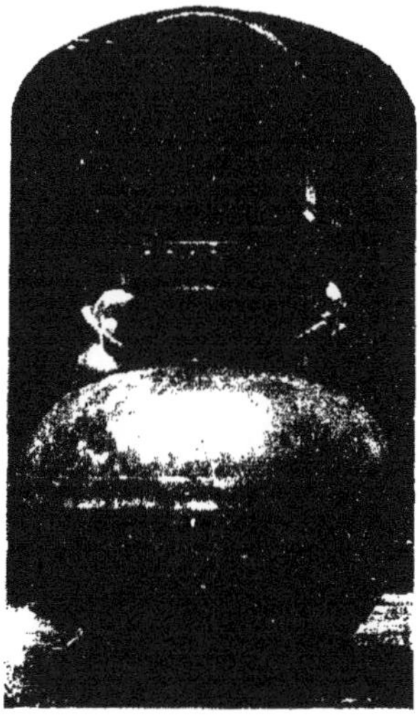

N° 38

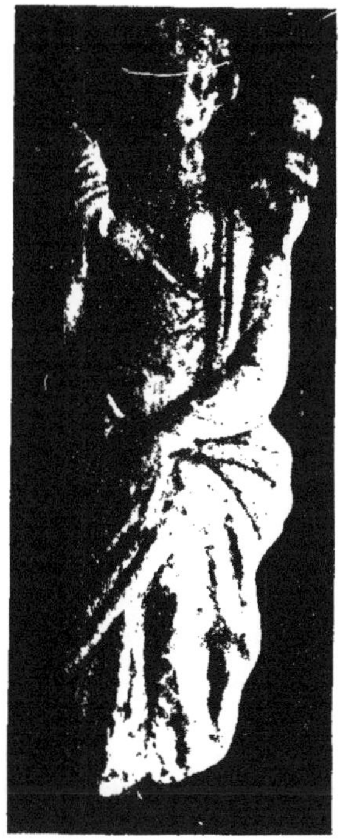

N° 72

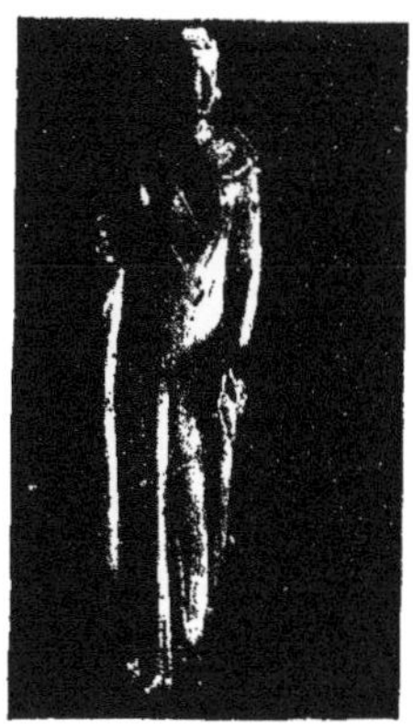

N° 74

142 — Bol et vase à anses. Irisés.

143 — Bol et petite lampe irisée.

144 — Vase à large ouverture avec quatre petites anses à dessin bleu sur fond blanc. XVIIIe siècle.

145 — Vase élancé à décors polychromes, deux petites anses au col. XVIIIe siècle.

146 — Deux vases du XVIe siècle et aiguière du XVIIe siècle.

147 — Cinq plats différents de Boukara.

148 — Deux potiches émail bleu turquoise.

149 — Trois potiches différentes.

150 — Lampe à plusieurs branches, dessin noir sur fond bleu.

151 — Quatre carreaux de Damas et autre provenance.

152 — Bol irisé.

BRONZES

153 — Grand vase en cuivre persan.

154 — Cache-pot en cuivre persan orné de rinceaux et d'inscriptions.

155 — Petit plateau et deux bols en cuivre anciens.

156 — Pied de chandelier arabe orné de rinceaux et de rosaces. XIVe siècle.

157 — Pied de chandelier en cuivre arabe orné de rosaces et des deux inscriptions suivantes :

« El Alimi, El Amili, El Moniri, El Maliki, El Nassiri ».

« El Mokerr, El Ali, El Mawlawi, El Amiri ».

Belle pièce du XIVe siècle.

158 — Petit hibou coiffé d'un disque.

159 — Petit disque surmonté d'une tête d'Isis coiffée.

160 — Trois statuettes égyptiennes, Osiris et le dieu Ben.

161 — Chèvre bondissant.

162 — Deux lampes différentes et petit ustensile.

163 — Anse de vase ornée de deux masques et de feuillages.

Haut. : 0m12.

164 — Sphinx couché.

Haut. : 0m07; Long. : 0m08.

165 — Œnochoé, l'anse est ornée d'une tête d'animal et d'un masque de femme, patine verte.

Haut. : 0m13.

166 — Minerve, statuette.

Haut. : 0m07.

167 — Taureau primitif.

Haut. : 0m04; Long. : 0m08.

168 — Statuette de femme vêtue.

Haut. : 0m10.

169 — Hercule jeune portant la massue, belle patine verte.

Haut. : 0m10.

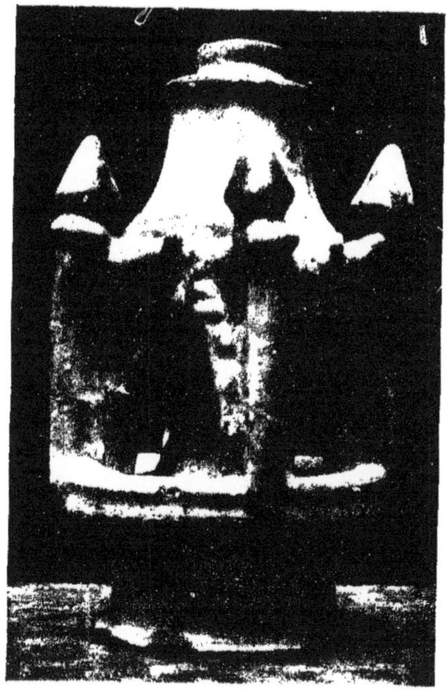

N° 105

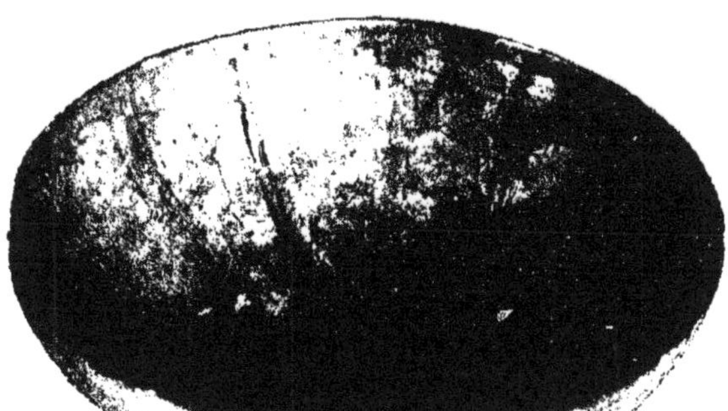

N° 131

170 — Hercule tenant la foudre, debout sur un chapiteau renversé.

Haut. : 0m09.

171 — Joueur de pan assis, petite statuette.

Haut. : 0m06.

172 — Petit hibou.

Haut. : 0m06.

173 — Applique représentant une tête de cheval très finement ciselée. Belle patine verte.

Haut.: 0m06.

174 — Taureau sur socle en marbre noir.

Haut. : 0m06 ; Long.: 0m08.

175 — Taureau sur socle en marbre blanc.

Haut.: 0m05; Long. : 0m 10.

176 — Œnochoé dont l'anse est ornée de deux têtes de femmes. Belle patine verte.

Haut.: 0m12.

177 — Encrier à deux anses mobiles.

178 — Trépied et sa lampe.

Haut. : 0m23.

179 — Petite tête de Vénus ornée du diadème.

180 — Deux grands masques de lion endormi, ronde-bosse. Belle patine verte.

181 — Dix petits masques de lion en demi-ronde-bosse. Belle patine verte.

182 — Six bols arabes dont trois sont ornés d'inscriptions en caractères coufiques. Belle patine verte.

183 — Neuf objets différents. Belle patine verte.

TAPIS

TAPIS D'ORIENT

ÉTOFFES COPTES ET D'ORIENT

184 — Beau tapis d'Aubusson.

185 — Quinze tapis anciens de diverses dimensions provenant de Boukhara, Yezd, Ispahan, Smyrne et Brousse.

Ce lot sera divisé.

186 — Étoffes coptes et d'Orient.

187 — Objets omis.

www.ingramcontent.com/pod-product-compliance
Ingram Content Group UK Ltd.
Pitfield, Milton Keynes, MK11 3LW, UK
UKHW032027260826
14628UKWH00006B/2787

9 782329 500362